RÈGLEMENT

DU 11 NOVEMBRE 1885

PERPIGNAN

IMPRIMERIE DE « L'INDÉPENDANT », RUE D'ESPIRA, 3

1889

PRISONS DÉPARTEMENTALES

RÈGLEMENT

DU 11 NOVEMBRE 1885

LE PRÉSIDENT DE LA RÉPUBLIQUE FRANÇAISE,

Sur le rapport du ministre de l'intérieur,
Vu l'arrêté ministériel du 30 octobre 1841,
Vu l'avis du conseil supérieur des prisons,

DÉCRÈTE :

CHAPITRE PREMIER

Attributions et obligations du personnel d'administration et de surveillance.

COMPOSITION DU PERSONNEL.

Art. 1er. — Le personnel préposé aux divers services dans les maisons d'arrêt, de justice et de correction est déterminé, pour chaque établissement, par le ministre de l'intérieur, d'après les dispositions générales fixant le recrutement, les attributions et le traitement des fonctionnaires, employés et agents de l'administration pénitentiaire, ainsi que de toutes personnes attachées à un de ces services.

ATTRIBUTIONS ET DEVOIRS DU DIRECTEUR DE CIRCONSCRIPTION PÉNITENTIAIRE.

Art. 2. — Le directeur administre, sous l'autorité du préfet, les établissements composant sa circonscription.

Il est appelé à donner son avis ou à présenter des propositions au préfet sur les détails du régime et de l'administration des diverses prisons ;

Il dirige toutes les parties du service ; tous les employés lui sont subordonnés et lui doivent obéissance ;

Il est spécialement chargé :

1º D'assurer l'exécution des règlements et instructions ministérielles ;

2º De préparer les budgets ainsi que les marchés et cahiers des charges et les tarifs du prix de main-d'œuvre, — de contrôler les opérations de dépenses et de recettes, d'en vérifier le règlement ainsi que la liquidation, — de vérifier la comptabilité, espèces et matières ;

3º De contrôler l'exécution des marchés de fournitures ;

4º De surveiller tout ce qui concerne les travaux industriels ;

5º De veiller à l'exacte observation des mesures d'ordre et de police intérieure.

Deux fois par an, au moins, il doit se rendre dans chacune des prisons de sa circonscription pour y vérifier l'état des divers services au point de vue de la situation morale et matérielle, et de l'amendement des détenus. A la suite de chaque tournée, il rend compte au préfet de ses observations par un rapport qui est ensuite transmis au ministre.

La vérification du directeur doit toujours être constatée par un visa sur les différents registres d'écrou et autres ; il doit consigner ses instructions sur le carnet d'ordres de service.

Art. 3. — Le directeur est personnellement chargé de tenir les registres suivants :

1º Un registre d'arrivée et de départ de la correspondance administrative ;

2º Un registre matricule et par compte ouvert à chaque agent, conforme au modèle réglementaire ;

3º Un registre des récompenses et des punitions concernant chacun des fonctionnaires employés ou gardiens de sa circonscription ;

4º Un registre d'inventaire des objets mobiliers appartenant à l'État.

Dans la prison qu'il dirige personnellement, il est responsable de la valeur desdits objets, lorsqu'ils n'ont pas été pris en charge par l'entrepreneur.

FONCTIONS DU GARDIEN CHEF.

Art. 4. — Le gardien chef est chargé, sous l'autorité du directeur de la circonscription et sous le contrôle des préfets et sous-préfets, sans préjudice des dispositions de l'article 613 du Code d'instruction criminelle et des droits conférés aux commissions de surveillance :

1o D'assurer la garde des prisonniers, le maintien du bon ordre et de la discipline, l'exécution du service de propreté, dans toutes les parties de la maison ;

2o De veiller à l'observation des clauses et conditions du cahier des charges et à l'exacte application des tarifs de main-d'œuvre ;

3o De tenir les diverses écritures mentionnées à l'article ci-après ;

4o De diriger tous les détails du service de l'établissement.

REGISTRES ET ÉCRITURES.

Art. 5. — Le gardien chef tient les registres d'écrou prescrits par le Code d'instruction criminelle, savoir :

Un pour la maison d'arrêt ;

Un pour la maison de justice ;

Un pour la maison de correction.

Ces registres sont tenus conformément aux instructions ministérielles des 26 août 1831 et 4 janvier 1832.

Les gardiens chefs tiennent, en outre, s'il y a lieu, des registres d'écrou séparés, savoir :

Un registre pour les détenus pour dettes et pour ceux mentionnés en l'article 455 du Code de commerce.

Un pour les passagers civils et militaires ;

Un pour les condamnés en matière de simple police ;

Un pour les marins dans les chefs-lieux d'arrondissements maritimes.

Le gardien chef est aussi chargé de la tenue des écritures dont la nomenclature suit :

1o Registres d'ordre et d'administration proprement dits, à savoir : registre du contrôle nominatif de la population pour les détenus des deux sexes ; registre du contrôle numérique ; registre des rapports journaliers au directeur ; registre des délibérations par mois ; registre pour l'inscription des punitions ; registre de la correspondance des détenus avec les autorités administratives et judiciaires ; état de situation des magasins de vestiaire, lingerie, et literie ; carnet d'inscription des ordres de service et circulaires ; et, en général, tous états quotidiens, hebdomadaires, mensuels ou autres dont la tenue est prescrite par les instructions ministérielles ;

2o Registres et écritures concernant la comptabilité des fonds appartenant aux détenus, conformément aux règlements spéciaux. Tous les registres d'écrou et autres, que le gardien chef est chargé de tenir, sont établis sur un modèle uniforme et suivant les formules et le mode de procéder qui auront été arrêtés par l'administration centrale.

CAISSE. — DÉPÔT DES SOMMES APPARTENANT AUX DÉTENUS.

Art. 6. — Dans les maisons où il n'y a pas d'agent comptable chargé spécialement de tenir la caisse, les fonds appartenant aux détenus restent déposés entre les mains du gardien chef jusqu'à concurrence des sommes maxima fixées par les instructions particulières sur la comptabilité du pécule.

L'excédant desdites sommes, lorsqu'il est supérieur à 100 francs est versé à la recette des finances, et il en est passé écriture conformément aux règles prescrites par la circulaire du 16 avril 1860.

ATTRIBUTIONS DU GARDIEN COMMIS GREFFIER. — RESPONSABILITÉ EXCLUSIVE DU GARDIEN CHEF.

Art. 7. — Le gardien commis-greffier concourt avec le gardien chef à la tenue des écritures du greffe et de la comptabilité. Toutefois, les actes d'écrou et les reçus de fonds appartenant aux détenus, doivent toujours être signés par le gardien chef.

Le gardien chef est seul responsable de la gestion de la caisse dans les termes mentionnés à l'article 7, ainsi que des objets mobiliers qui n'ont pas été pris en charge par l'entrepreneur des services économiques, dans les prisons qui ne sont pas placées sous les ordres immédiats du directeur.

FAMILLE ET LOGEMENT DU GARDIEN CHEF.

Art. 8. — Le gardien chef est toujours logé dans la prison. Dans aucun cas et sous aucun prétexte, il ne peut recevoir les détenus dans son logement.

Aucune personne de sa famille ne pourra pénétrer dans les cours, préaux, ateliers, infirmerie, dortoirs et autres lieux occupés par les détenus, sauf le cas prévu, en ce qui concerne sa femme, par l'article 15 du présent règlement.

DÉTENUS A TRANSFÉRER.

Art. 9. — Le gardien chef est tenu, à quelque heure du jour ou de la nuit que ce soit, de remettre, sans le moindre retard aux agents des transports cellulaires les condamnés désignés pour être transférés, les libérés destinés aux dépôts de mendicité, les expulsés devant être reconduits à la frontière, les jeunes détenus à la destination des établissements d'éducation correctionnelle. Il remettra en même temps à ces agents les extraits des jugements, arrêts de condamnation, arrêtés de libération et autres pièces concernant les transférés. Il doit aussi leur remettre les sommes d'argent, bijoux et autres valeurs appartenant aux transférés; il y sera joint un état détaché du registre spécialement tenu à cet effet, et décharge sera donnée au gardien chef.

Il est interdit au gardien chef de laisser partir tout condamné en état de maladie grave.

Les femmes en état de grossesse dûment constaté par le médecin seront maintenues dans les prisons départementales.

Il en sera de même des femmes auxquelles sera laisssé, sur avis du médecin, l'allaitement de leur enfant.

Même après sevrage, les enfants pourront être laissés, jusqu'à l'âge de quatre ans, aux soins de leurs mères qui, dans ce cas, seront également maintenues dans les prisons départementales.

DÉCÈS DES DÉTENUS.

Art. 10. — En cas de décès d'un détenu, le gardien chef en fait mention en marge de l'acte d'écrou. Conformément à l'article 84 du Code civil, il en donne avis au maire, qui fait dresser état des effets, papiers, argent, etc., laissés par le défunt. Le gardien chef doit joindre à sa déclaration l'indication du dernier domicile venu du détenu.

Il informe, en outre, l'autorité judiciaire du décès de tout prévenu ou accusé.

SUICIDES. — MORTS VIOLENTES.

Art. 11. — S'il s'agit d'un suicide ou d'une mort violente, le gardien chef indépendamment du rapport qu'il doit adresser au préfet ou au sous-préfet et au directeur, est tenu de provoquer immédiatement l'intervention de la police judiciaire, selon les termes des articles 48, 49 et 50 du Code d'instruction criminelle.

PREMIERS GARDIENS.

Art. 12. — Dans les établissements où le personnel comprend un ou plusieurs premiers gardiens, les attributions de ces agents sont déterminées par l'arrêté de nomination.

GARDIENS ORDINAIRES. — SUBORDINATION. — SERVICE.

Art. 13. — Les gardiens ordinaires sont placés immédiatement sous les ordres du gardien chef, et doivent se conformer exactement à ses prescriptions.

Dans chaque établissement leur service est réglé par un arrêté du préfet rendu sur la proposition du directeur de la circonscription et approuvé par le ministre.

LOGEMENT DES GARDIENS.

Art. 14. — Les gardiens ordinaires, autres que les gardiens portiers, ne sont pas logés à l'intérieur des prisons ; mais ils peuvent l'être, s'il y a lieu, avec leurs familles, dans les bâtiments annexes situés à l'extérieur de la détention.

SURVEILLANTES. — SERVICE DU QUARTIER DES FEMMES.

Art. 15. — Les quartiers occupés par les femmes ne peuvent être surveillés que par des personnes de leur sexe, chargées des mêmes fonctions que les gardiens remplissent dans les quartiers affectés aux hommes.

Dans les prisons où la population moyenne ne dépasse pas dix détenues, les fonctions de surveillante sont confiées, avec l'autorisation du préfet et l'approbation du ministre, soit à la femme ou à une parente du gardien chef en exercice, soit encore à la femme d'un gardien ordinaire.

Dans les prisons où l'effectif moyen est de dix à vingt femmes détenues, il pourra être créé un emploi de surveillante adjointe, qui sera donné de préférence à la femme d'un gardien ordinaire.

Dans les établissements de plus grande importance, la surveillance est exercée par des surveillantes spéciales, suivant les conditions déterminées par un arrêté du préfet, approuvé par le ministre.

INTERDICTION RELATIVE AU QUARTIER DES FEMMES.

Art. 16. — Les surveillantes reçoivent, comme les gardiens, les ordres du gardien chef. A moins de circonstances extraordinaires dont il sera rendu compte au préfet ou au sous-préfet et au directeur de la circonscription, le gardien chef est le seul de tous les préposés du service de surveillance qui ait le droit d'entrer dans le quartier des femmes.

PORT DE L'UNIFORME.

Art. 17. — Le gardien chef et les gardiens sont tenus de porter constamment, dans l'exercice de leurs fonctions, l'uniforme réglementaire.

PROHIBITION DE TOUT SERVICE EXTÉRIEUR OU ÉTRANGER A LA FONCTION.

Art. 18. — Le gardien chef et les gardiens, étant exclusivement préposés à la surveillance et au service intérieur de la prison, n'en doivent jamais être détournés, pour aucun motif, et notamment pour aucun service extérieur.

Ils ne peuvent non plus exercer aucune autre fonction.

PERMISSIONS DE SORTIE ET CONGÉS.

Art. 19. — Les gardiens ordinaires peuvent être autorisés à s'absenter momentanément, et pendant quarante-huit heures au plus, en vertu d'une décision du directeur, ou en cas d'urgence, du préfet ou du sous-préfet, s'il s'agit d'une prison située hors du lieu de résidence du directeur.

Les gardiens chefs ne peuvent s'absenter qu'en vertu d'un congé délivré par le préfet, pour quinze jours, et par le ministre, pour une durée plus longue.

PROHIBITIONS IMPOSÉES A TOUS LES EMPLOYÉS ET AGENTS.

Art. 20. — Il est interdit à tout employé, gardien ou préposé :

D'occuper les détenus pour son service particulier et de se faire assister par eux dans son travail, sauf les cas spécialement autorisés ;

De recevoir des détenus ou des personnes agissant pour eux, aucun don, prêt ou avantage quelconque ; de se charger pour eux d'aucune commission et d'acheter ou vendre pour eux quoi que ce soit ;

D'user, à leur égard, soit de dénomination injurieuses ou de langage grossier, soit du tutoiement ou d'entretiens familiers ;

De manger ou boire avec les détenus ou avec les personnes de leur famille, leurs amis ou visiteurs ; cette prohibition s'applique à l'égard des détenus pour dettes, que les gardiens n'admettront, en aucun cas, non plus que les autres, à prendre leurs repas dans leur logement ;

De faciliter ou tolérer toute transmission de correspondances, tous moyens de communication irrégulière des détenus entre eux ou avec le dehors, ainsi que toute introduction d'objets de consommation, vivres, boissons, etc. ;

D'agir de façon directe ou indirecte auprès des détenus, prévenus ou accusés, pour influer sur leurs moyens de défense et sur le choix de leur défenseur ;

De provoquer ou faciliter, par faveur ou autrement, la prolongation du séjour dans la prison des détenus politiques qui doivent être transférés.

Tous contrevenants à ces prohibitions seront passibles, selon les cas, de diverses peines disciplinaires, sans préjudice des poursuites auxquelles il y aurait lieu par application de l'article 177 du Code pénal.

CONTRAVENTIONS AUX RÈGLEMENTS. — PUNITIONS DISCIPLINAIRES.

Art. 21. — Tous gardiens et surveillantes qui commettraient ou faciliteraient une contravention aux dispositions du règlement général ou de l'arrêté réglant le service de garde et de surveillance encourraient, selon la gravité des cas, les punitions disciplinaires suivantes : la réprimande avec ou sans mise à l'ordre du jour, la mise aux arrêts, la retenue de partie du traitement, la suspension des fonctions, la rétrogradation de grade ou de classe, la révocation.

La réprimande et la mise aux arrêts pour moins de quinze jours sont infligées par le directeur de la circonscription. Les autres punitions sont prononcées par le préfet, sur la proposition du directeur et sous réserve de l'approbation du ministre.

Art. 22. — Tout employé, gardien ou préposé qui se sera mis en état d'ivresse encourra la destitution.

RESPONSABILITÉS EN CAS DE DÉGATS.

Art. 23. — Les gardiens sont responsables des dégradations, dommages et dégâts de toute nature commis par les détenus, lorsqu'ils ne les ont pas signalés sur-le-champ au gardien chef.

La même responsabilité incombe au gardien chef qui a négligé de signaler les faits au directeur.

RESPONSABILITÉ EN CAS D'ÉVASION.

Art. 24. — Les gardiens sont responsables des évasions imputables à leur négligence, sans préjudice des poursuites dont ils seraient passibles par application des articles 237 et suivants du Code pénal.

CHAPITRE II

Discipline et police intérieure de la prison.

CONTROLE ET VISITES DES REPRÉSENTANTS DE L'AUTORITÉ.

Art. 25. — Indépendamment des visites que les commissions de surveillance devront faire conformément au règlement de leur institution, et de celles qui incombent aux préfets et aux directeurs, les sous-préfets feront, au moins une fois par mois, une visite spéciale dans les prisons du chef-lieu de leur arrondissement. Ils rendront compte de leurs observations aux préfets.

UNIFORMITÉ DE LA RÈGLE.

Art. 26. — Hors les cas prévus par le présent règlement, aucune dérogation quelconque ne pourra être apportée à l'uni-

(*)

formité de la règle à laquelle les condamnés doivent être généralement et indistinctement soumis.

CATÉGORIES DIVERSES DE DÉTENUS.

Art. 27. — Les détenus, prévenus, accusés et condamnés occupent des locaux séparés, selon la catégorie à laquelle ils appartiennent.

Les prévenus et les accusés se trouvant en prison pour la première fois seront autant que possible isolés de ceux qui ont des antécédents judiciaires.

Les prisonniers de passage seront placés dans des chambres séparées, et ne pourront en aucun cas communiquer avec les autres détenus.

Il en sera de même des condamnés en matière de simple police et des militaires ou marins.

Les condamnés criminels et les condamnés correctionnels à plus d'un an d'emprisonnement resteront jusqu'à leur transfèrement à la maison centrale de force ou de correction ou au dépôt des forçats dans la maison d'arrêt ou de justice où ils étaient lors de leur condamnation. Ils y seront séparés des autres détenus.

Dans chacune des catégories ci-dessus, les détenus des deux sexes seront complètement et constamment séparés.

Les prisonniers d'une même catégorie, pourront seuls être admis ensemble dans le même préau et le même atelier.

Lorsqu'il n'existera pas de préaux distincts pour chaque catégorie de détenus, les heures de promenade devront être alternées de manière à ce que les préaux servent tantôt à l'une, tantôt à l'autre des catégories.

SÉPARATION DES CATÉGORIES.

Art. 28. — Dans les établissements dont l'état actuel ne permettrait pas de séparer toutes les catégories, comme il vient d'être dit à l'article précédent, les détenus devront, autant que possible être isolés par groupes distincts, dans l'ordre ci-après déterminé :

1º Prévenus et accusés sans antécédents judiciaires ;
2º Condamnés en matière de simple police ;
3º Passagers ;

4° Prévenus et accusés ayant des antécédents judiciaires ;

5° Condamnés correctionnels à moins d'un an n'ayant subi qu'une condamnation ;

6° Autres condamnés correctionnels à moins d'un an ;

7° Condamnés correctionnels ou criminels à destination des maisons centrales, sans préjudice de ce qui est dit plus loin à l'égard des jeunes détenus.

ISOLEMENT DES JEUNES DÉTENUS.

Art. 29. — Tout détenu âgé de moins de seize ans doit être complètement séparé, le jour et la nuit, de tous détenus adultes.

Les enfants jugés par application des articles 66, 67 et 69 du Code pénal, qui ne sont détenus que pour moins de six mois, et ceux qui attendent leur transfèrement dans un établissement d'éducation correctionnelle, doivent toujours être enfermés dans des chambres ou quartiers spéciaux, des maisons d'arrêt, de justice ou de correction, soit à l'isolement individuel, soit plus de deux ensemble s'il y a impossibilité de les laisser seuls.

ISOLEMENT ET RÉGIME DES ENFANTS DÉTENUS PAR VOIE DE CORRECTION PATERNELLE.

Art. 30. — Les mineurs enfermés par voie de correction paternelle, conformément aux articles 375 et suivants du Code civil, seront placés dans des quartiers spéciaux des maisons d'arrêt, de justice et de correction, et devront être maintenus à l'isolement de jour et de nuit.

Il est procédé, en ce qui concerne les frais de nourriture et d'entretien de ces mineurs, comme à l'égard des détenus pour dettes envers les particuliers en matière de faillites.

ORDRES DE DÉTENTION DES MINEURS EN CORRECTION PATERNELLE.

Art. 31. — Il ne sera fait aucune mention sur les registres, états et écritures concernant la population détenue et les services de l'entreprise, de la présence à la prison des mineurs enfermés par voie de correction paternelle (art. 378 du Code civil).

Le gardien chef justifiera de la légalité de la détention en produisant l'ordre même d'arrestation, délivré ou renouvelé par le président du tribunal civil.

RÈGLES DISCIPLINAIRES APPLICABLES AUX DÉTENUS POUR DETTES

Art. 32. — Les détenus pour dettes envers l'État en matière criminelle ou correctionnelle sont soumis aux mêmes règles disciplinaires que les condamnés. Néammoins, ils ne sont pas astreints au travail ni au port du costume pénal.

Les détenus pour dettes en matière de simple police et en matière de faillites sont soumis aux mêmes règles disciplinaires que les prévenus et les accusés.

OBÉISSANCE.

Art. 33. — Les détenus doivent obéir aux fonctionnaires ou agents ayant autorité dans la prison, en tout ce qu'ils leur prescrivent pour l'exécution des règlements.

FOUILLES.

Art. 34. — Tous les détenus doivent être fouillés à leur entrée dans la prison et chaque fois qu'ils seront extraits de la prison, menés à l'instruction ou à l'audience et ramenés à la prison. Ils pourront être également fouillés pendant le cours de leur détention aussi souvent que le directeur ou le gardien chef le jugera nécessaire.

Les femmes ne pourront être fouillées que par des personnes de leur sexe.

ARGENT ET VALEURS.

Art. 35. — Il ne sera laissé aux détenus, ni argent, ni bijoux, sauf les bagues d'alliance, ni valeurs quelconques.

Les sommes dont ils seraient porteurs à leur entrée dans la maison ainsi que les bijoux et valeurs quelconques seront déposés entre les mains du gardien chef, ou rendus à leurs familles avec leur assentiment.

Il est immédiatement passé écriture, au compte du déposant, des sommes ou des valeurs consignées sur les registres désignés en l'article 5, paragraphe 2.

L'argent déposé au moment de l'incarcération, ou versé ultérieurement en leur nom, peut être intégralement employé, sur autorisation spéciale, par les détenus, pour achats d'aliments supplémentaires ou pour autres dépenses autorisées en vertu du présent règlement.

OBJETS SAISIS OU TROUVÉS.

Art. 36. — Tous les objets apportés ou envoyés du dehors aux détenus doivent être visités. En conséquence, à l'exception des personnes ayant autorité dans les prisons, des avocats et officiers ministériels agissant dans l'exercice de leurs fonctions, tous les visiteurs devront soumettre à l'examen du gardien de service les objets qu'ils désireraient remettre aux détenus.

Il sera donné connaissance à l'autorité administrative, et, s'il y a lieu, à l'autorité judiciaire, des objets ainsi retenus qui auraient été trouvés sur les détenus, envoyés du dehors ou apportés par des visiteurs.

CHANTS, CRIS, ETC. — RÈGLE DU SILENCE.

Art. 37. — Tous cris et chants, interpellations et conversations à voix haute, toute réunion en groupe bruyants, et généralement tous actes individuels ou collectifs de nature à troubler le bon ordre, sont interdits aux détenus, à quelque catégorie qu'ils appartiennent. Il en est de même de toutes réclamations, demandes ou pétitions à présenter de façon collective.

Les condamnés sont astreints, en outre, à la règle du silence, sauf les exceptions nécessitées par les besoins du service ou par le travail dans les ateliers.

PROMENADE DANS LES COURS ET PRÉAUX.

Art. 38. — Dans les établissements où le nombre des détenus, la disposition et la dimension des cours ou préaux l'exigeront pour la surveillance et le bon ordre, la promenade réglementaire pourra être organisée par files individuelles, à distances ou intervalles marqués, afin d'empêcher toute confusion, ou selon tel mode analogue qui serait jugé nécessaire, à charge d'en référer par les gardiens chefs au directeur et par le directeur au préfet. En aucun cas, les prévenus et les accusés ne pourront être astreints à la promenade.

JEUX.

Art. 39. — Les jeux de toute sorte sont interdits. Les exercices qui seraient reconnus nécessaires à la santé des détenus pourront être autorisés par le ministre, sur la proposition du préfet.

DONS, TRAFICS ET ÉCHANGES DE VIVRES.

Art. 40. — Tout don, trafic ou échange de vivres ou boissons entre les détenus est interdit.

SERVICE D'ORDRE ET DE PROPRETÉ.

Art. 41. — Chaque détenu est obligé de faire son lit et d'entretenir sa chambre ou la place qui lui est réservée au dortoir dans un état constant de propreté.

Les ateliers, réfectoires, dortoirs et corridors, et en général les locaux d'un usage commun à tous les détenus d'une même catégorie, sont balayés et lavés par les condamnés désignés, à cet effet, par le directeur ou le gardien chef.

INSTRUMENTS DANGEREUX. — RASOIRS.

Art. 42. — Sauf l'autorisation spéciale délivrée par le directeur, les détenus ne pourront garder à leur disposition aucun instrument dangereux, notamment les rasoirs.

DORTOIRS.

Art. 43. — Dans les maisons où existeront des locaux pouvant être affectés spécialement à la réunion des détenus pendant le jour, l'entrée des dortoirs leur sera interdite entre le lever et le coucher.

APPELS.

Art. 44. — L'appel des détenus sera fait une fois au moins par jour, à des heures variables, ainsi qu'aux heures de lever et de coucher.

Le gardien chef et les gardiens de service dans chaque quartier doivent, en outre, s'assurer fréquemment de leur présence au moyen d'un pointage, et en opérant le contrôle à l'aide d'une liste nominative établie par dortoir et par atelier.

RONDES DE NUIT.

Art. 45. — Le nombre des rondes de nuit et le mode de contrôle de ces rondes seront déterminés, pour chaque établissement, par le directeur de la circonscription, sans préjudice des mesures exceptionnelles à prendre lorsque l'établissement renfermera des détenus dangereux.

VISITES DANS L'INTÉRIEUR DE L'ÉTABLISSEMENT.

Art. 46. — Aucune personne étrangère au service ne peut être admise à visiter une maison d'arrêt, de justice ou de correction, qu'en vertu d'une autorisation spéciale délivrée par le ministre de l'intérieur ou par le préfet.

PARLOIRS. — VISITES AUX DÉTENUS.

Art. 47. — Les permis de visiter les détenus sont délivrés par l'autorité administrative, sauf la nécessité du visa du juge d'instruction ou du président des assises pour les prévenus et les accusés, et sous réserve des droits conférés par la loi à l'autorité judiciaire.

Tout permis régulièrement délivré et présenté au gardien chef aura le caractère d'ordre, auquel il devra déférer sauf à surseoir si les détenus sont matériellement empêchés ou en punition et si quelque circonstance exceptionnelle l'oblige à en référer préalablement à l'autorité supérieure.

Sauf le cas d'autorisation écrite accordée par le ministre, le préfet et le sous-préfet et sous réserve des droits conférés à l'autorité judiciaire, en ce qui concerne les prévenus et les accusés, les visiteurs ne seront admis à communiquer avec les détenus qu'au parloir ou dans la salle en tenant lieu, et en présence des gardiens. Les détenus de sexes différents ne pourront être admis en même temps au parloir. Même prohibition est applicable aux détenus appartenant à des catégories diverses.

Les prévenus, les accusés, les détenus pour dettes en matière de faillite pourront recevoir des visites tous les jours ; les condamnés, deux fois seulement par semaine. Les jours de visites pour les condamnés, la durée et l'heure des visites pour tous les détenus sont fixés par une décision préfectorale.

Il ne sera permis, en aucun cas, à des détenus de boire ou manger avec des visiteurs.

PARLOIR DES AVOCATS.

Art. 48. — Les avocats et les officiers ministériels, agissant dans l'exercice de leurs fonctions, communiquent avec les détenus soit dans un parloir spécial, soit dans le local qui en tiendra lieu.

FACILITÉS ACCORDÉES AUX PRÉVENUS ET ACCUSÉS. — TABLEAU DES AVOCATS.

Art. 49. — Toutes communications et toutes facilités compatibles avec les dispositions du présent règlement seront accordées aux prévenus et aux accusés pour leurs moyens de défense et le choix de leur défenseur. A cet effet, la liste des avoués de l'arrondissement et le tableau des avocats inscrits dans le département demeureront affichés dans les préaux ou quartiers affectés à cette catégorie de détenus.

CORRESPONDANCE DES DÉTENUS.

Art. 50. — Sauf autorisation spéciale ou cas exceptionnels ou imprévus, dont il serait rendu compte au directeur par le gardien chef, les condamnés ne seront admis à écrire des lettres qu'une fois par semaine, et, de préférence, le dimanche. Les prévenus et les accusés pourront écrire chaque jour. Toutes les lettres seront placées sous enveloppe, sans signe extérieur, à l'adresse du destinataire.

La correspondance, à l'arrivée et au départ, sera lue et visée par le directeur ou le gardien chef, à l'exception des lettres que les détenus adressent à l'autorité administrative ou à l'autorité judiciaire, aux avocats ou avoués chargés de leur défense. Les lettres écrites ou reçues par les prévenus et les accusés seront, en outre, communiquées, selon les cas, au procureur de la République, au juge d'instruction ou au président des assises.

Les lettres que les détenus écrivent aux autorités administratives ou judiciaires doivent être remises cachetées au directeur ou au gardien chef, mais non placées sous enveloppe, et enregistrées sur le registre spécial, dans les conditions déterminées par les instructions ministérielles.

En aucun cas et sous aucun prétexte, l'envoi à destination desdites lettres ne pourra être retardé.

DÉGATS. — RETENUES SUR LE PÉCULE.

Art. 51. — Sont considérés comme dégâts et dommages entraînant réparation pécuniaire, toutes détériorations, souillures et dégradations quelconques produites, soit sur les diverses parties de l'immeuble, soit sur des meubles ou objets mobiliers, ainsi que tous dessins, inscriptions et marques de toute nature.

Il est statué par le préfet sur l'évaluation des dommages et sur le chiffre de la répartition pécuniaire, après rapport du directeur, en tenant compte des circonstances de fait et de la conduite habituelle du détenu.

Dans les cas prévus au présent article, les retenues à opérer sur l'ensemble du pécule seront déterminées également par le préfet, sur la proposition du directeur.

PEINES DISCIPLINAIRES.

Art. 52. — Les infractions au règlement sont punies, selon les cas, des peines disciplinaires ci-après spécifiées :

La réprimande ;

La privation de cantine et, s'il y a lieu, de l'usage du vin ;

La suppression des vivres autres que le pain pendant trois jours consécutifs au plus, la ration de pain pouvant être augmentée s'il y a lieu ;

La mise en cellule de punition pendant un temps qui ne devra pas dépasser quinze jours, sauf autorisation spéciale du préfet.

Le tout sans préjudice de la mise au fers, dans les cas prévus par l'article 614 du Code d'instruction criminelle.

Le directeur pourra, en outre, suspendre, selon les cas et dans telle mesure qu'il appartiendra l'usage de la promenade pendant trois jours consécutifs au plus ;

L'usage de la lecture pendant une semaine au plus, mais seulement lorsqu'il y aura eu lacération, détérioration ou emploi illicite des livres ;

La correspondance pendant deux semaines au plus ;

Les visites, pendant un mois au plus.

Les peines disciplinaires ci-dessus spécifiées seront applicables aux prévenus et accusés, ainsi que les restrictions mentionnées plus haut, en ce qui concerne l'usage de la promenade et de la lecture.

Ils ne pourront être privés de la correspondance et des visites qu'en cas d'abus de l'exercice de ces facultés, sur autorisation du préfet et sauf leur droit, toujours maintenu, d'écrire aux autorités et à leur défenseur.

L'usage du tabac pourra, lorsqu'il y aura lieu, être interdit aux prévenus et aux accusés. Toutes les punitions ou restrictions ci-dessus énumérées sont prononcées par le directeur ou le gardien chef, à charge par celui-ci d'en rendre immédiatement compte au directeur dans son rapport du jour.

CHAPITRE III

Régime et travail des détenus.

RÉGIME DES DÉTENUS.

Art. 53. — La composition du régime alimentaire des prisonniers, dans les maisons d'arrêt, de justice et de correction, est fixé par le cahier des charges.

Le nombre de repas est de deux par jour. En toute saison le repas du matin aura lieu à 9 heures et celui du soir à 4 heures.

VIVRES SUPPLÉMENTAIRES

Art. 54. — Le prix des vivres supplémentaires sera fixé d'après un tarif arrêté périodiquement par le préfet, sur la demande de l'entrepreneur et l'avis du directeur de la circonscription.

Ce tarif devra rester constamment affiché dans les ateliers et les réfectoires; il sera divisé en deux parties; l'une indiquant les vivres destinés aux prévenus, et l'autre, les vivres dont la consommation est permise aux condamnés.

Les prévenus et accusés peuvent, chaque jour, acheter 500 grammes de pain de toute qualité, deux portions de viande ou de poisson, des légumes, fruits et autres aliments dont l'usage est autorisé dans la prison, 75 centilitres de vin, ou un litre de bière ou de cidre.

Les condamnés ne peuvent acheter que 500 grammes de pain de ration ; une portion de légumes, œufs, lait, beurre ou fromage, et, trois fois par semaine, une ration de ragoût ou de fruits, suivant la saison.

FACULTÉ LAISSÉE AUX PRÉVENUS ET ACCUSÉS.

Art. 55. — Les prévenus et accusés ont la faculté de renoncer aux vivres ordinaires et supplémentaires de la prison et de faire venir du dehors pour leur nourriture, par jour : du pain à discrétion, une soupe, deux plats ou portions soit de viande, soit de poisson, légumes, œufs, beurre, fromage, lait ou fruits, 75 centilitres de vin ou un litre de bière ou de cidre.

RÉGIME DES DÉTENUS POUR DETTES.

Art. 56. — Les détenus pour dettes, dans les cas déterminés par la loi, sont assimilés en ce qui concerne le régime alimentaire, aux prévenus et accusés. Toutefois, la dépense en vivres supplémentaires ne pourra dépasser le montant de la consignation alimentaire.

Les débiteurs de l'État pour crimes, délits ou contraventions de droit commun sont soumis au régime des condamnés.

BOISSONS.

Art. 57. — L'usage du vin, du cidre, de la bière et généralement de toute autre boisson spiritueuse ou fermentée est expressément interdit aux condamnés valides.

Toutefois, ils pourront, sur le produit de leur travail et en récompense de leur bonne conduite, être autorisés à se procurer une ration de vin qui ne pourra jamais dépasser 30 centilitres par jour, une ration de bière ou de cidre de 50 centilitres au plus. Néammoins, le ministre pourra pour raison d'hygiène, et notamment dans les prisons de la Seine, autoriser l'usage du vin aux frais du condamné et en dehors du produit de son travail, dans une proportion qui ne pourra excéder 60 centilitres.

L'usage de l'eau-de-vie et des liqueurs spiritueuses est interdit aux prévenus et aux accusés comme aux condamnés.

TABAC.

Art. 58. — L'usage du tabac sous toutes les formes est interdit aux condamnés et aux jeunes détenus.

Il peut être retiré exceptionnellement aux prévenus et accusés par décision ministérielle, rendue sur la proposition du directeur et l'avis du préfet, notamment lorsque la disposition des locaux ne permet pas de les séparer complètement des condamnés ou lorsqu'il y a danger d'incendie.

VÊTEMENTS DES DÉTENUS ET ACCUSÉS.

Art. 59. — Les prévenus et accusés conserveront leurs vêtements personnels, à moins qu'il n'en soit autrement ordonné par l'autorité administrative, à titre de mesure d'ordre ou de propreté, ou par l'autorité judiciaire, dans l'intérêt de l'instruction.

Ils pourront également faire venir du dehors et à leurs frais les vêtements dont ils auront besoin.

PORT DU COSTUME PÉNAL.

Art. 60. — Les individus condamnés à un mois de prison et au-dessous ne sont pas tenus de porter le costume pénal; ils pourront néanmoins le réclamer.

Les individus condamnés à plus d'un mois et à moins de trois mois de prison pourront conserver leurs vêtements personnels, à moins que l'exercice de cette faculté ne compromette les conditions d'ordre, de surveillance et de propreté dans l'établissement.

Les individus condamnés à trois mois et au-dessus sont tenus de porter le costume pénal, sauf le cas de dispense individuelle. La dispense ne pourra être accordée que par décision préfectorale, rendue sur l'avis de la commission de surveillance et la proposition du directeur.

Cette décision devra être notifiée par écrit et consignée par le gardien chef sur le carnet d'ordres de service.

La dispense de porter le costume pénal est toujours révocable.

COMPOSITION DU COSTUME PÉNAL.

Art. 61. — La composition du vêtement et des effets de lingerie de chaque condamné est fixée par le cahier des charges.

De même, le renouvellement et l'entretien en sont assurés dans les conditions déterminées par ledit cahier.

VÊTEMENTS SUPPLÉMENTAIRES.

Art. 62. — L'administration pourra permettre aux condamnés, pour raison d'hygiène et de santé, l'emploi de vêtements supplémentaires, à condition que l'aspect général du costume pénal n'en soit pas modifié.

EFFETS APPARTENANT AUX PRÉVENUS.

Art. 63. — Les effets appartenant aux détenus entrants sont lavés ou nettoyés, désinfectés, étiquetés, inventoriés et mis en magasin pour leur être rendus à leur sortie, le tout suivant les règles stipulées au cahier des charges.

SOINS DE PROPRETÉ CORPORELLE.

Art. 64. — Il sera donné un bain de corps à tous les détenus à leur entrée, sauf le cas de dispense individuelle, et chaque fois, en outre, que le médecin le jugera nécessaire.

Les détenus prendront un bain de pieds tous les quinze jours. La coupe des cheveux et de la barbe aura lieu conformément à l'article ci-après.

CHEVEUX ET BARBE.

Art. 65. — Les condamnés revêtus du costume pénal doivent être rasés une fois par semaine en hiver et deux fois en été, et les cheveux leur seront coupés tous les deux mois en hiver et tous les mois en été.

Toutefois le directeur ou le gardien chef pourra accorder aux condamnés dont la bonne conduite aura été constatée l'autorisation de laisser croître leur barbe pendant les six semaines précédant leur sortie.

LEVER ET COUCHER

Art. 66. — Chaque détenu doit occuper un lit séparé. Il est

tenu de se déshabiller avant de se coucher. Néammoins, l'usage du lit de camp est autorisé pour les passagers civils et militaires, qui seront admis à conserver leurs vêtements et devront recevoir chacun une paillasse.

Les heures de coucher et de lever sont fixées ainsi qu'il suit :

Lever :

En décembre, janvier et février à six heures et demie ;
En mars, avril, octobre et novembre à six heures ;
En mai, juin, juillet, août, et septembre à cinq heures.

Coucher :

A neuf heures, du 1er mai au 30 septembre ;
A huit heures pendant le reste de l'année, lorsqu'il n'y aura pas d'ateliers dans les prisons.

La durée des veillées est fixée par un arrêté préfectoral sans qu'elles puissent se prolonger au delà de dix heures du soir.

Dans les prisons où le travail du soir ne sera pas organisé régulièrement, la veillée sera consacrée de préférence soit à l'école, soit à des lectures à haute voix ou à des conférences.

OBJETS DE LITERIE.

Art. 67. — Le coucher des prisonniers comprend : une couchette en fer (sauf l'exception prévue à l'art. 66), une paillasse ou un matelas, un traversin en paille, une paire de draps, une couverture de coton en été et deux couvertures dont une de laine en hiver.

L'entretien et le renouvellement des divers objets de literie ont lieu dans les conditions déterminées au cahier des charges.

Les hamacs ou les lits en bois qui restent encore en usage seront remplacés par des lits en fer au fur et à mesure de leur mise à la réforme.

PISTOLE.

Art. 68, — Les prévenus et les accusés ainsi que les détenus pour dettes envers les particuliers retenus par application de l'article 455 du Code de commerce pourront seuls louer de l'entrepreneur les meubles, linges et effets de literie désignés sur un tarif de location, dit tarif de pistole, arrêté par le préfet, sur la proposition du directeur.

La pistole ne sera autorisée qu'autant qu'une chambre de la prison aura pu être spécialement affectée à cette destination.

CHAUFFAGE ET ÉCLAIRAGE.

Art. 69. — Les moyens de chauffage et d'éclairage et les quantités de combustible à fournir par l'entreprise sont déterminés par le préfet, sur la proposition du directeur, et dans les conditions indiquées au cahier des charges.

Les dortoirs communs sont éclairés toute la nuit. Il en est de même des préaux et des chemins de ronde.

TRAVAIL DES DÉTENUS.

Art. 70. — Des travaux sont organisés dans chaque prison, de manière à ne laisser oisif aucun condamné.

L'entrepreneur est tenu de procureur du travail à tous les condamnés de l'un et de l'autre sexe ; à son défaut, l'administration peut y pourvoir d'office.

Les détenus pourront continuer dans la prison l'exercice de leur métier ou profession, s'il se concilie avec l'hygiène, l'ordre, la sûreté et la discipline.

Si l'industrie qu'ils exerçaient est organisée dans les prisons, ils y seront employés aux conditions fixées par le tarif. Dans le cas contraire, le salaire de ceux qui seraient occupés par des maîtres ouvriers du dehors, sera versé entre les mains de l'agent faisant les fonctions de comptable ou de l'entrepreneur général des travaux, pour être réparti entre le pécule de l'ayant droit et le Trésor ou ledit entrepreneur, suivant le mode de gestion des services de l'établissement.

Les condamnés qui travailleront pour leur propre compte seront tenus de payer une redevance équivalant à la somme dont le Trésor ou l'entreprise aurait profité s'ils avaient été employés à des travaux dans la prison ; cette redevance sera fixée par le préfet, sur l'avis de la commission de surveillance et la proposition du directeur, l'entrepreneur entendu.

AUTORISATION DES TRAVAUX. — FIXATION DES TARIFS DE MAIN-D'ŒUVRE.

Art. 71. — Aucun genre de travail ne pourra être mis en activité avant qu'il ait été préalablement autorisé par le préfet ou le sous-préfet en cas d'urgence, sur la demande de l'entrepreneur, l'avis du gardien chef et la proposition du directeur.

Les tarifs de prix de main-d'œuvre sont réglés dans les mêmes formes.

Toutefois, l'administration peut exiger, dans les maisons de correction dont l'effectif dépasse cent condamnés, que ces tarifs soient préparés et arrêtés suivant les règlements en vigueur dans les maisons centrales.

Les tarifs de prix de main-d'œuvre doivent toujours rester affichés dans les ateliers.

PRODUIT DU TRAVAIL DES CONDAMNÉS — PÉCULE.

Art. 72. — Le produit du travail des condamnés est réparti par portions égales entre eux et l'État ou l'entrepreneur, suivant le mode de gestion des services de l'établissement.

La moitié des cinq dixièmes revenant aux condamnés sera mise en réserve pour l'époque de leur libération.

Il ne peut être opéré de prélèvement sur le pécule réserve qu'avec l'autorisation écrite du directeur et en cas de nécessité dûment justifiée.

Le gardien chef pourra, quand le directeur ne sera pas sur les lieux, autoriser les détenus à envoyer des secours à leurs familles sur le pécule disponible.

PRODUITS DU TRAVAIL DES PRÉVENUS OU ACCUSÉS, DES DÉTENUS POUR DETTES.

Art. 73. — Les prévenus, les accusés et les détenus pour dettes seront employés, sur leur demande, aux travaux admis ou organisés dans la prison, sous réserve des dispositions de l'article 27.

Ils seront assujettis aux mêmes règles que les condamnés pour l'organisation et la discipline des ateliers, mais ils profiteront des sept dixièmes du produit de leur travail et ils pourront en disposer intégralement, pendant leur détention, suivant les conditions déterminées au présent règlement.

CHAPITRE IV

Hygiène et service de santé.

ORGANISATION DU SERVICE DE SANTÉ.

Art. 74. — Le service de santé, dans les maisons d'arrêt, de justice et de correction, comprend :

1º La visite des détenus portés comme malades ou indisposés ;

2º Le traitement des maladies des détenus et du personnel d'administration et de surveillance ;

3º Les opérations médicales et chirurgicales, à moins de cas particulièrement graves ;

4º Le contrôle des préparations alimentaires ou pharmaceutiques destinées à l'infirmerie ;

5º L'inspection des différents locaux de la prison à des époques périodiques ;

6º La visite des détenus de l'un et l'autre sexe à transférer, avec obligation de signaler au gardien chef ceux pour lesquels il doit être sursis au transfèrement ;

7º La tenue des écritures médicales.

MÉDECIN CHARGÉ DU SERVICE.

Art. 75. — Le médecin chargé du service de santé est nommé par le ministre. En cas d'absence ou d'empêchement, il est remplacé par un médecin désigné par le préfet ou le sous-préfet.

Les fonctions de médecin de la prison sont incompatibles avec celles de maire et d'adjoint ou de membre de la commission de surveillance.

VISITES DU MÉDECIN.

Art. 76. — Le médecin est tenu de faire chaque jour une visite dans la prison.

Les prévenus ou accusés mis au secret et les condamnés isolés ou punis doivent être visités au moins une fois par semaine, en présence du gardien chef.

ÉCRITURES ET PRESCRIPTIONS MÉDICALES.

Art. 77. — Les prescriptions du médecin faites à la consultation doivent toujours être constatées par écrit.

Celles qui concernent les malades en traitement à l'infirmerie doivent être consignées sur un registre spécial.

Les unes et les autres sont signées par le médecin et remises par les soins du gardien chef à l'entrepreneur général ou au pharmacien chargé de la fourniture des médicaments.

INFIRMERIE DE LA PRISON. — TRANSFÈREMENTS A L'HOPITAL.

Art. 78. — Sauf le cas d'affections épidémiques ou contagieuses, les détenus malades sont traités dans les chambres ou salles d'infirmerie de la prison.

S'il y a impossibilité d'établir dans la prison des salles d'infirmerie, les envois à l'hôpital doivent toujours être mentionnés par écrit sur le registre des prescriptions du médecin, avec indication précise de la maladie qui a motivé le transfèrement. Les détenus transférés à l'hôpital sont traités dans une salle spéciale (loi du 4 vendémiaire an VI, art 16, et décret du 8 janvier 1810 art. 12).

Le tarif du prix de journée de traitement sera arrêté d'avance entre la commission administrative de l'hospice et le préfet.

Le transfèrement à l'hôpital ne pourra avoir lieu que du consentement, savoir : du juge d'instruction, s'il s'agit d'un prévenu : du président des assises ou du président du tribunal civil, s'il s'agit d'un accusé ; et du préfet ou du sous-préfet s'il s'agit d'un condamné ou d'un détenu pour dettes. L'autorisation de transfèrement sera délivrée par le maire.

INFIRMIERS.

Art. 79. — Le médecin est consulté au sujet des détenus proposés pour remplir l'emploi d'infirmiers.

COUCHER DES MALADES.

Art. 80. — Le coucher des malades comprend une couchette, une paillasse, un matelas, un traversin, un oreiller de plumes avec sa taie, une paire de draps de lit et deux couvertures ; le tout conformément aux dispositions du cahier des charges.

La paille des paillasses sera renouvelée aussi souvent que le médecin le jugera nécessaire, mais en tout cas après chaque décès.

Le matelas sur lequel un détenu sera décédé sera rebattu, ainsi que le traversin.

Les toiles seront lavées, ainsi que les couvertures.

MOBILIER D'INFIRMERIE.

Art. 81. — A chaque lit de malade devront être joints une table de nuit, une descente de lit, une chaise de paille, et, en outre, les menus objets mobiliers que comporte le soin des malades, tels que planchette d'infirmerie, pots à tisane, verres à boire, etc.

NOURRITURE DES MALADES.

Art. 82. — La nourriture des détenus malades est fournie, sur les prescriptions du médecin, conformément aux stipulations du cahier des chages. Cette nourriture ne pourra être donnée qu'à l'infirmerie.

VÊTEMENTS DES MALADES.

Art. 83. — Indépendamment du vêtement ordinaire, il devra être fourni à chaque malade une capote en droguet, deux paires de chaussettes de laine et une paire de sandales.

INSPECTIONS DES LOCAUX PAR LE MÉDECIN.

Art. 84. — Le médecin visite les divers locaux de la prison, ateliers, dortoirs, lieux de punition, etc., au moins une fois par quinzaine.

Les résultats de son inspection doivent être constatés par écrit, et mentionnés aux registres médicaux.

Il indique les mesures de salubrité qu'il juge nécessaires, et le gardien chef en réfère d'urgence au directeur de la circonscription.

MESURES DESTINÉES A PRÉVENIR LES AFFECTIONS ÉPIDÉMIQUES ET CONTAGIEUSES.

Art. 85. — L'administration et le médecin se concerteront en vue des mesures propres à prévenir les affections épidémiques ou contagieuses.

En conséquence, il sera mis à la disposition de chaque détenu individuellement un gobelet à boire et une serviette ou essuie-mains; les linges à barbe ou à pansement ne serviront jamais qu'à un seul et même détenu.

RAPPORT ANNUEL DU MÉDECIN.

Art. 86. — A l'expiration de chaque année, le médecin fait un rapport d'ensemble sur l'état sanitaire de la population, ainsi que sur les causes et les caractères des maladies qui ont atteint les détenus.

Ce rapport est adressé au préfet, qui le transmet à l'administration centrale avec les observations du directeur.

CHAPITRE V

Enseignement. — Culte.

SERVICE D'ENSEIGNEMENT.

Art. 87. — Un service d'enseignement primaire sera organisé dans toutes les maisons de concentration ; il pourra l'être également dans les autres prisons départementales.

Ce service sera confié, selon les cas, soit spécialement à un instituteur, soit au gardien chef ou à tout autre agent désigné à cet effet.

Les condamnés âgés de moins de quarante ans, illettrés, sachant seulement lire ou imparfaitement écrire, seront astreints à recevoir cet enseignement.

L'enseignement devra être donné aux détenus au moins pendant une heure par jour.

CONFÉRENCES.

Art. 88. — Il pourra être fait, en vue d'instruire et de moraliser les détenus, des conférences, soit par les fonctionnaires ou agents chargés de ce soin, soit par des personnes étrangères à l'administration, autorisées par le ministre, sur la proposition du préfet.

Dans ce dernier cas, les sujets à traiter devront être préalablement communiqués au directeur de la circonscription pénitentiaire, et soumis au préfet.

LECTURES A HAUTE VOIX.

Art. 89. — Il sera fait aux détenus des lectures à haute voix tous les dimanches et jours fériés, et pendant les veillées en cas de chômage.

BIBLIOTHÈQUES.

Art. 90. — Il y aura, dans chaque prison, une bibliothèque exclusivement composée des ouvrages figurant sur le catalogue arrêté par le ministre et de ceux dont une décision ministérielle aura autorisé l'introduction ou la donation.

Dans les établissements où le travail fonctionne régulièrement, des ouvrages seront mis à la disposition des détenus, sur leur demande, une fois au moins par semaine.

Tout détenu non occupé, et en tout cas les prévenus et les accusés, recevront en communication des ouvrages chaque fois qu'ils en feront la demande.

Les autres prescriptions concernant le service de la bibliothèque sont déterminées par des instructions ministérielles.

MINISTRES ET EXERCICES DES DIVERS CULTES.

Art. 91. — Dans les maisons d'arrêt, de justice et de correction, il est pourvu au service religieux par les soins des ministres des cultes reconnus par l'État auxquels appartiennent les détenus.

Ces ministres, présentés par l'autorité religieuse compétente, seront agréés par décision du ministre de l'intérieur sur la proposition du préfet. Ils reçoivent une indemnité.

Le service religieux comprend les exercices de chaque culte, suivant les usages consacrés, et aux heures fixées par un arrêté du préfet.

Le prêtre ou le ministre chargé de ce service doit, en outre l'assistance de son ministère à tous les détenus valides ou malades qui en feront la demande. Il ne pourra, en aucun cas, faire partie de la commission de surveillance.

L'entrée du local affecté à la célébration du culte est interdite à toute personne du dehors qui n'a point autorité dans la prison.

ASSISTANCE AUX OFFICES RELIGIEUX.

Art. 92. — L'assistance aux offices religieux n'est pas obligatoire pour les détenus qui ont déclaré ne pas vouloir les suivre.

SERVANTS DU CULTE.

Art. 93. — Les servants du culte peuvent être choisis par le directeur ou le gardien chef, parmi les détenus, avec leur consentement, sur la proposition du ministre chargé du service religieux.

CHAPITRE VI.

Dispositions spéciales.

DÉPOTS ET CHAMBRES DE SURETÉ.

Art. 94. — Les chambres et dépôts de sûreté sont placés sous la surveillance du maire, qui devra veiller à leur bon état d'entretien et rendre compte au préfet de tous faits et incidents utiles à signaler.

Les préfets et sous-préfets seront également tenus de les visiter. L'inspection en sera faite par les directeurs aussi souvent qu'il sera nécessaire, et ils en rendront compte aux préfets, dans les mêmes formes que pour les maisons d'arrêt, de justice et de correction.

RÈGLEMENT PARTICULIER POUR CHAQUE PRISON.

Art. 95. — Par addition aux dispositions générales contenues dans le présent règlement, un arrêté du préfet, rendu après avis de la commission de surveillance, sur la proposition du directeur de la circonscription, déterminera les mesures d'ordre intérieur et de police locale et les détails de service qu'il sera nécessaire de prescrire dans chaque prison; cet arrêté sera soumis à l'approbation ministérielle.

AFFICHAGE DU RÈGLEMENT GÉNÉRAL.

Art. 96. — Un extrait des articles 26, 32, 33, 34, 35, 36, 37, 38, 39, 40, 41, 42, 43, 47, 50, 51, 52, 53, 54, 55, 56, 57, 58, 59, 60, 61, 62, 64, 65, 70, 71, 72, 73, 87, 90, 92, 93, 95, du présent règlement restera constamment affiché dans les divers quartiers des prisons.

EXÉCUTION DU RÈGLEMENT GÉNÉRAL.

Art. 97. — Le présent règlement général est appliquable à toutes les maisons d'arrêt, de justice et de correction où les détenus sont soumis au régime de l'emprisonnement en commun.

Les attributions conférées au préfet par le présent règlement sont exercées à Paris par le préfet de police.

ABROGATION DES DISPOSITIONS ANTÉRIEURES.

Art. 98. — Sont abrogés le règlement général du 30 octobre 1841 et toutes les dispositions antérieures au présent règlement.

Art. 99. — Un règlement spécial déterminera les dispositions particulièrement applicables à tous individus condamnés pour faits politiques.

Art. 100. — Le ministre de l'intérieur est chargé de l'exécution du présent décret, qui sera inséré au *Bulletin des lois*.

Fait à Paris, le 11 novembre 1885.

Signé : Jules GRÉVY.

Par le président de la République :

Le ministre de l'intérieur,

Signé : H. ALLAIN-TARGÉ.

www.ingramcontent.com/pod-product-compliance
Lightning Source LLC
Chambersburg PA
CBHW060457200326
41520CB00017B/4818